Impressum
Verlag: BABADADA GmbH, Nedderfeld 112 , 22529 Hamburg
Geschäftsführer / Verlagsleitung: Harald Hof
Druck: Books on Demand GmbH, In de Tarpen 42, 22848 Norderstedt

Imprint
Publisher: BABADADA GmbH, Nedderfeld 112 , 22529 Hamburg, Germany
Managing Director / Publishing direction: Harald Hof
Print: Books on Demand GmbH, In de Tarpen 42, 22848 Norderstedt, Germany

学校

escuela

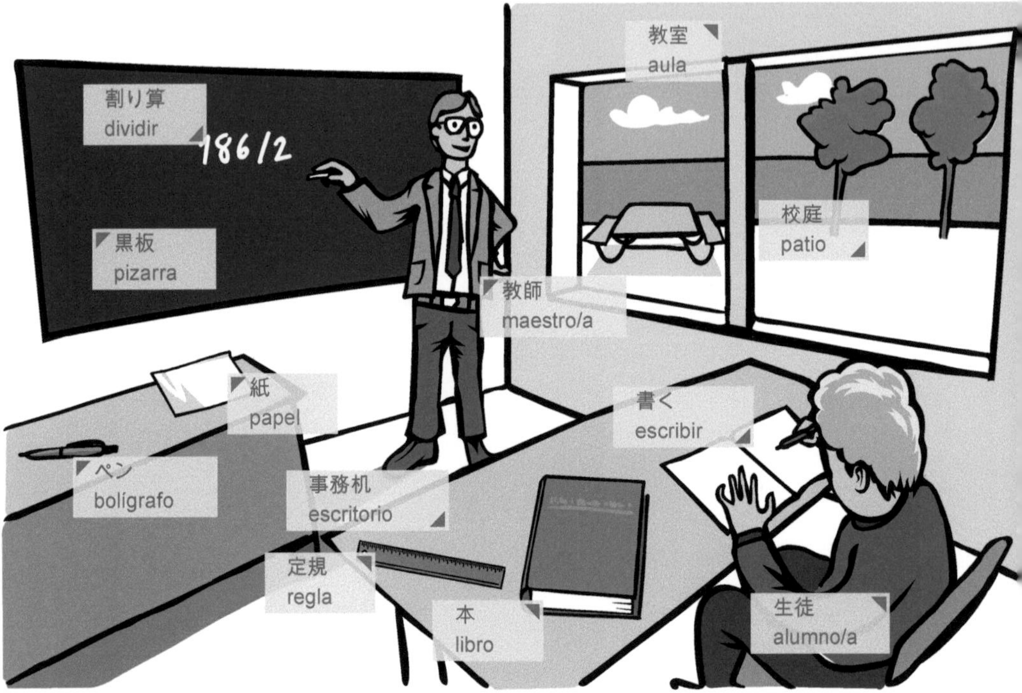

教室
aula
割り算
dividir
186/2
校庭
patio
黒板
pizarra
教師
maestro/a
紙
papel
書く
escribir
ペン
bolígrafo
事務机
escritorio
定規
regla
本
libro
生徒
alumno/a

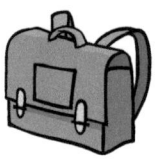

ランドセル

cartera

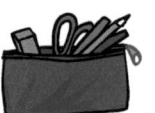

筆入れ

caja de lápices

鉛筆

lápiz

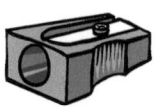

鉛筆削り

sacapuntas

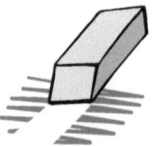

消しゴム

goma de borrar

スケッチブック

cuaderno de dibujo

スケッチ

dibujo

絵筆

pincel

絵の具箱

caja de pinturas

はさみ

tijeras

接着剤

pegamento

練習帳

cuaderno de ejercicios

宿題

deberes

12

数

número

2+2

足し算

sumar

5-2

引き算

restar

2×2

かけ算

multiplicar

計算する

calcular

A

文字

letra

ABCDEFG
HIJKLMN
OPQRSTU
VWXYZ

アルファベット

alfabeto

hello

単語

palabra

テキスト

texto

読む

leer

チョーク

tiza

授業

lección

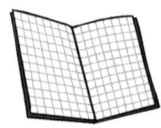

学級日誌

cuaderno de notas

試験

examen

通知表

certificado

制服

uniforme escolar

教育

educación

百科事典

enciclopedia

大学

universidad

顕微鏡

microscopio

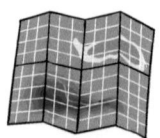

地図

mapa

ごみ箱

papelera

ホテル
hotel

Grand

ホステル
albergue

ROOMS

両替所
oficina de cambio de divisas

EXCHANGE

スーツケース
maleta

自動車
coche

言語
idioma

はい ／ いいえ
sí / no

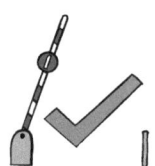

問題ない
Vale

ハロー
hola

翻訳者
traductor

ありがとう
Gracias

…はいくらですか？

¿cuánto es…?

わかりません

No entiendo

問題

problema

こんばんは！

¡Buenas tardes!

おはようございます！

¡Buenos días!

おやすみなさい！

¡Buenas noches!

さようなら

adiós

方向

dirección

手荷物

equipaje

バッグ

bolsa

リュックサック

mochila

お客様

invitado

部屋

habitación

寝袋

saco de dormir

テント

tienda de campaña

旅行者情報

información turística

ビーチ

playa

クレジットカード

tarjeta de crédito

朝食

desayuno

昼食

almuerzo

夕食

cena

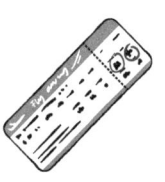

チケット

billete

エレベーター

ascensor

スタンプ

sello

境界

frontera

税関

aduana

大使館

embajada

ビザ

visa

パスポート

pasaporte

旅行 - viaje

7

輸送

transporte

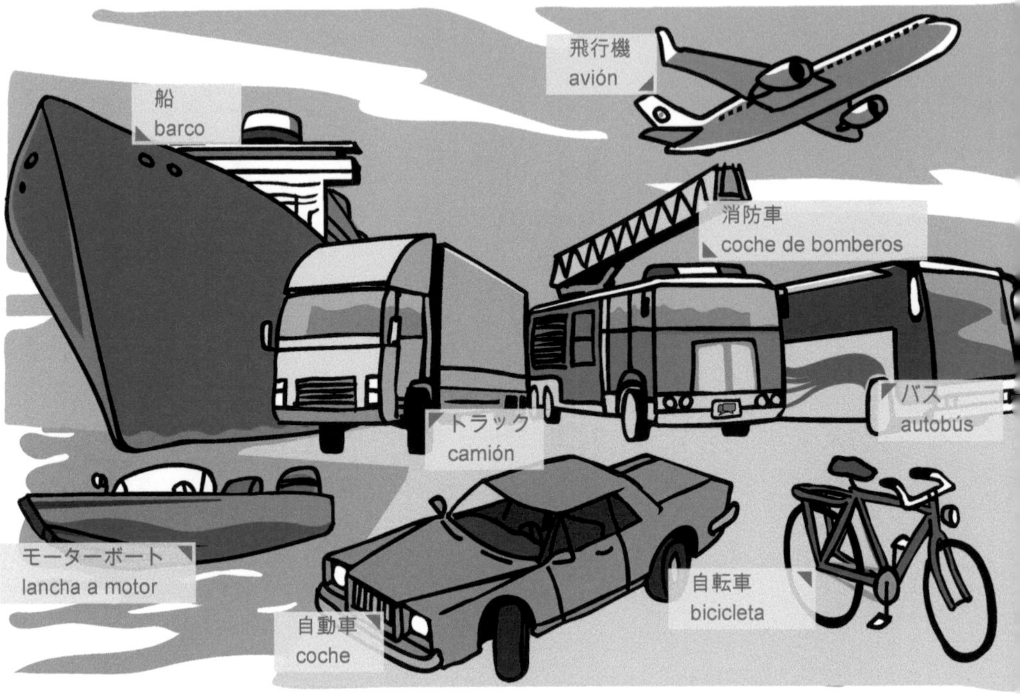
飛行機
avión
船
barco
消防車
coche de bomberos
バス
autobús
トラック
camión
モーターボート
lancha a motor
自転車
bicicleta
自動車
coche

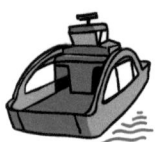

フェリー

transbordador

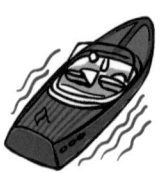

ボート

barca

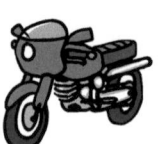

バイク

moto

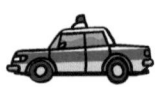

パトカー

coche de policía

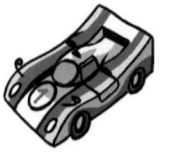

レーシングカー

coche de carreras

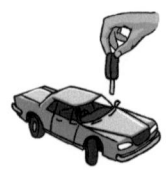

レンタカー

coche de alquiler

カーシェアリング

préstamo de vehículos

レッカー車

grúa

ごみ収集車

camión de la basura

モーター

motor

燃料

gasolina

ガソリンスタンド

gasolinera

交通標識

señal de tráfico

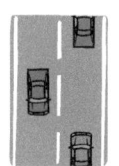

交通

tráfico

渋滞

atasco

駐車場

aparcamiento

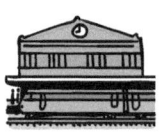

駅

estación de tren

道

vías

列車

tren

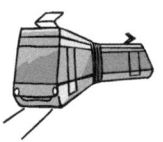

路面電車

tranvía

車両

vagón

ヘリコプター

helicóptero

空港

aeropuerto

タワー

torre

乗客

pasajero

コンテナ

contenedor

段ボール箱

caja de cartón

カート

carretilla

カゴ

cesta

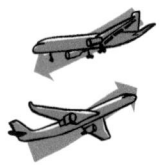

離陸 / 着陸

despegar / aterrizar

都市

ciudad

村

pueblo

都心

centro de ciudad

家

casa

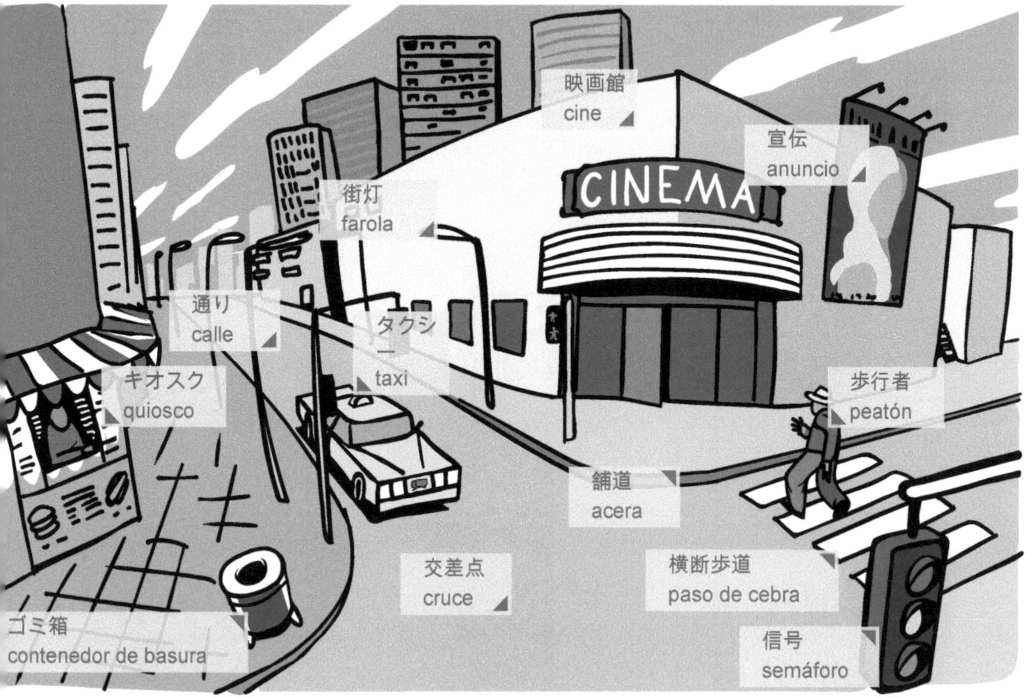
映画館
cine
宣伝
anuncio
街灯
farola
通り
calle
タクシー
taxi
キオスク
quiosco
歩行者
peatón
舗道
acera
交差点
cruce
横断歩道
paso de cebra
ゴミ箱
contenedor de basura
信号
semáforo
CINEMA

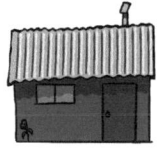

小屋

cabaña

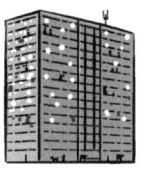

アパート

apartamento

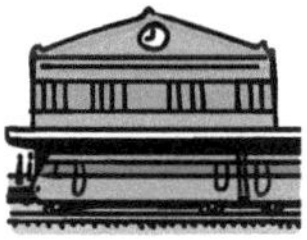

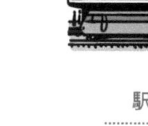

駅

estación de tren

市役所

ayuntamiento

MUSEUM

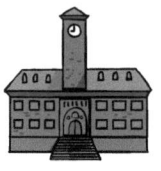

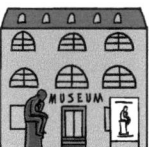

美術館

museo

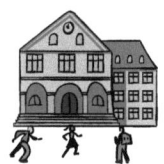

学校

escuela

大学

universidad

銀行

banco

病院

hospital

ホテル

hotel

薬局

farmacia

オフィス

oficina

書店

librería

ショップ

tienda

花屋

floristería

スーパーマーケット

supermercado

市場

mercado

デパート

grandes almacenes

魚屋

pescadería

ショッピングセンター

centro comercial

港

puerto

公園

parque

ベンチ

banco

橋

puente

階段

escaleras

地下鉄

metro

トンネル

túnel

バス停

parada de autobús

バー

bar

レストラン

restaurante

ポスト

buzón

道路標識

poste indicador

パーキングメーター

parquímetro

動物園

zoo

スイミングプール

piscina

モスク

mezquita

農場

granja

汚染

contaminación

墓地

cementerio

教会

iglesia

遊び場

patio de juego

寺

templo

風景

paisaje

葉
hoja

道標
señal

道
camino

草地
prado

石
piedra

木
árbol

ハイカー
excursionista

川
río

草
hierba

花
flor

谷

valle

山

colina

湖

lago

森

bosque

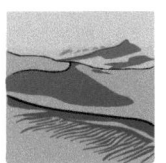

砂漠

desierto

火山

volcán

城

castillo

虹

arcoíris

キノコ

champiñón

ヤシの木

palmera

蚊

mosquito

ハエ

mosca

蟻

hormiga

ミツバチ

abeja

クモ

araña

カブトムシ

escarabajo

蛙

rana

リス

ardilla

ハリネズミ

erizo

ウサギ

liebre

フクロウ

lechuza

鳥

pájaro

白鳥

cisne

雄豚

jabalí

鹿

ciervo

ヘラジカ

alce

ダム

presa

風力タービン

turbina eólica

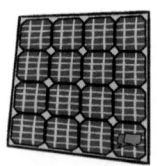

ソーラーパネル

panel solar

気候

clima

レストラン
restaurante

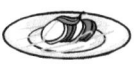

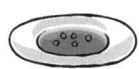

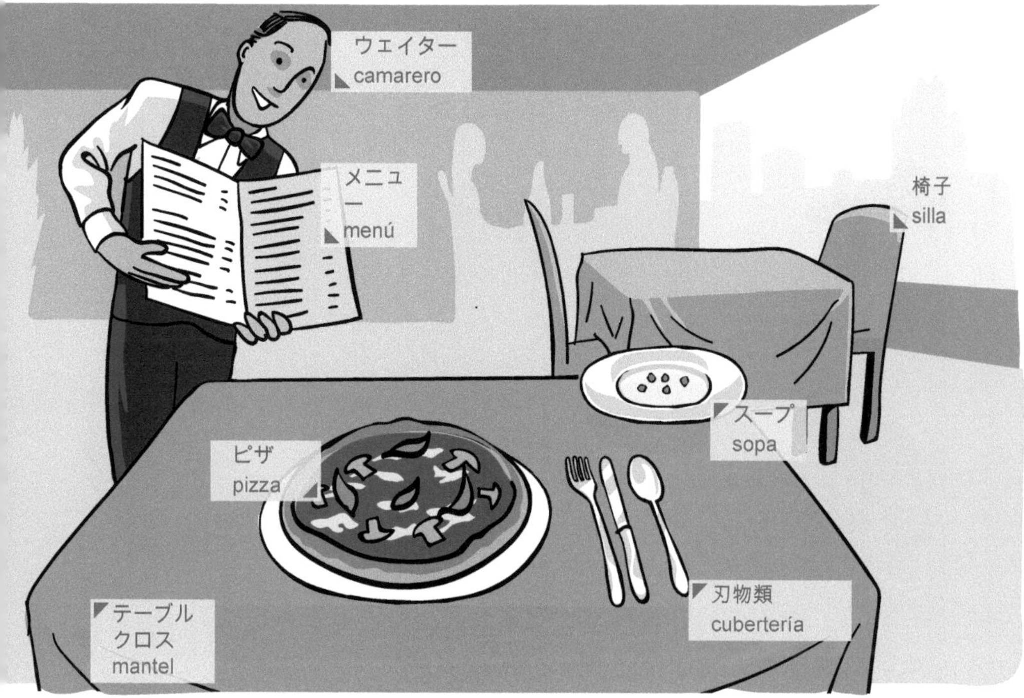
ウェイター
camarero
メニュー
menú
椅子
silla
スープ
sopa
ピザ
pizza
刃物類
cubertería
テーブルクロス
mantel

前菜

primer plato

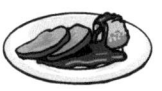

メインコース

plato principal

デザート

postre

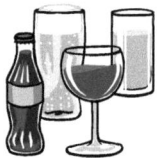

飲み物

bebidas

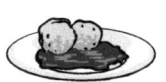

食べ物

comida

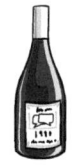

ボトル

botella

ファストフード

comida rápida

屋台の食べ物

comida callejera

ティーポット

tetera

砂糖入れ

azucarero

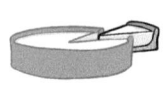

一人前

porción

エスプレッソマシン

cafetera expreso

幼児用食事椅子

trona

請求書

cuenta

トレー

bandeja

ナイフ

cuchillo

フォーク

tenedor

スプーン

cuchara

ティースプーン

cucharilla

ナプキン

servilleta

グラス

vaso

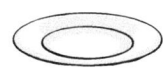

皿
plato

スープ皿
plato hondo

受け皿
platillo

ソース
salsa

塩入れ
salero

ペッパーミル
molinillo de pimienta

酢
vinagre

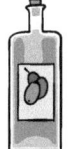

油
aceite

スパイス
especias

ケチャップ
ketchup

マスタード
mostaza

マヨネーズ
mayonesa

スーパーマーケット

supermercado

特価品
oferta especial
FOR
顧客
cliente
乳製品
lácteos
果物
fruta
ショッピング・カート
carro de la compra

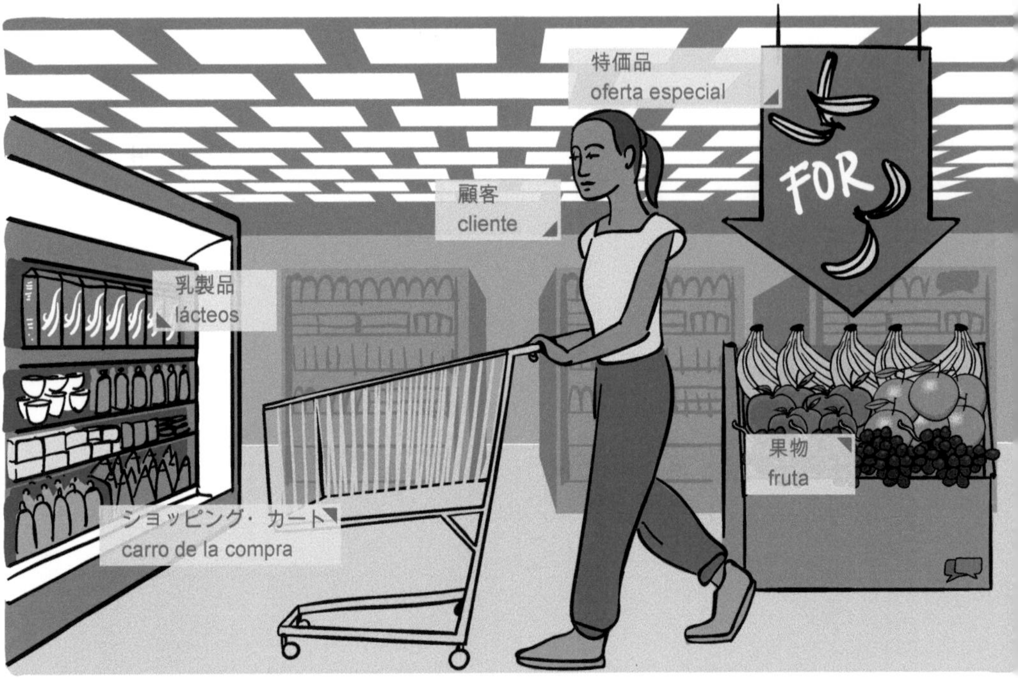

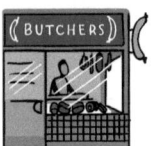

BUTCHERS

肉屋

carnicería

BAKERY

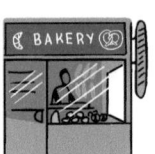

パン屋

panadería

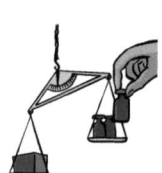

重さをはかる

pesar

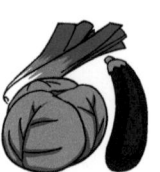

野菜

verduras

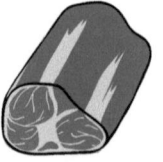

肉

carne

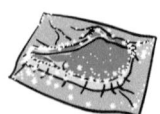

冷凍食品

alimentos congelados

冷肉の薄切り
fiambres

缶詰食品
conservas

洗剤
detergente en polvo

菓子
dulces

家庭用品
productos de uso doméstico

清掃用品
productos de limpieza

販売員
vendedora

現金箱
caja

レジ係
cajero

買い物リスト
lista de la compra

開館時刻
horario de atención al público

財布
cartera

クレジットカード
tarjeta de crédito

バッグ
bolsa

ポリ袋
bolsa de plástico

水

agua

ジュース

zumo

牛乳

leche

コーラ

cola

ワイン

vino

ビール

cerveza

アルコール

alcohol

ココア

cacao

紅茶

té

コーヒー

café

エスプレッソ

expreso

カプチーノ

capuchino

バナナ

plátano

リンゴ

manzana

オレンジ

naranja

メロン

melón

レモン

limón

ニンジン

zanahoria

ニンニク

ajo

竹

bambú

玉ねぎ

cebolla

キノコ

champiñón

ナッツ

avellanas

ヌードル

fideos

スパゲッティ

espagueti

米

arroz

サラダ

ensalada

フライドポテト

patatas fritas

フライドポテト

patatas fritas

ピザ

pizza

ハンバーガー

hamburguesa

サンドウィッチ

sándwich

カツレツ

filete

ハム

jamón

サラミ

salami

ソーセージ

salchicha

鶏肉

pollo

焼き

asado

魚

pescado

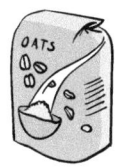

麦のお粥

copos de avena

ムーズリ

muesli

コーンフレーク

copos de maíz

小麦粉

harina

クロワッサン

cruasán

ロールパン

panecillo

パン

pan

トースト

tostada

ビスケット

galletas

バター

mantequilla

カッテージチーズ

cuajada

ケーキ

pastel

卵

huevo

目玉焼き

huevo frito

チーズ

queso

アイスクリーム

helado

砂糖

azúcar

はちみつ

miel

ジャム

mermelada

ヌガークリーム

crema de turrón

カレー

curry

農場
granja

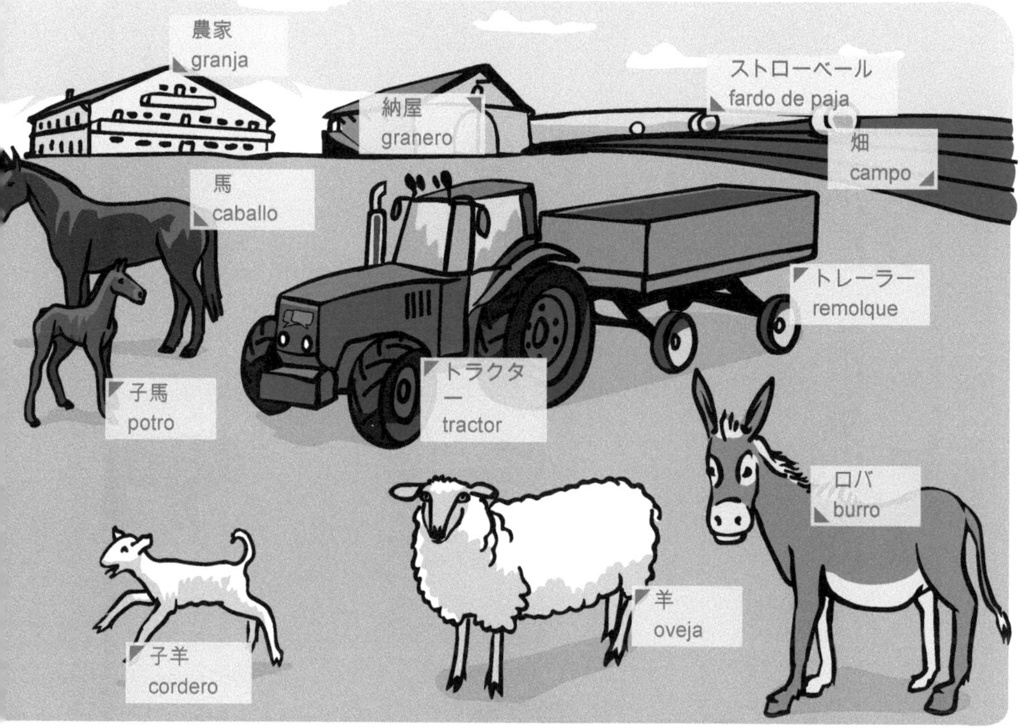

農家
granja
納屋
granero
ストローベール
fardo de paja
畑
campo
馬
caballo
トレーラー
remolque
子馬
potro
トラクター
tractor
ロバ
burro
羊
oveja
子羊
cordero

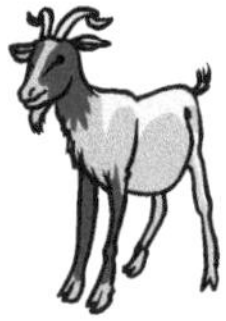

ヤギ

cabra

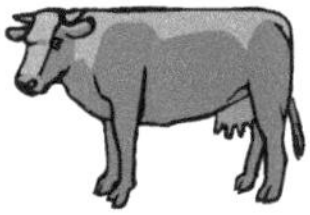

雌牛

vaca

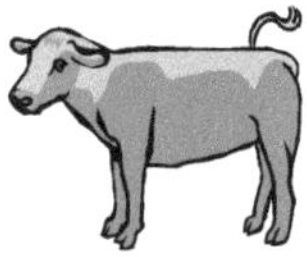

子牛

ternero

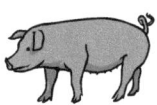

豚

cerdo

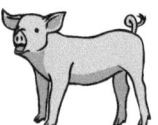

子豚

cerdito

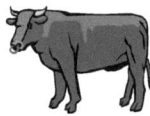

雄牛

toro

ガチョウ

ganso

アヒル

pato

ひよこ

pollo

にわとり

gallina

おんどり

gallo

ネズミ

rata

猫

gato

ねずみ

ratón

雄牛

buey

犬

perro

犬小屋

perrera

散水ホース

manguera

じょうろ

regadera

大鎌

guadaña

すき

arado

草刈り鎌
hoz

くわ
azada

堆肥用フォーク
horca

斧
hacha

手押し車
carretilla

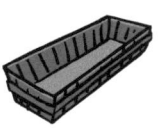

かいばおけ
abrevadero

牛乳缶
lechera

袋
saco

フェンス
valla

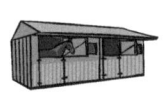

畜舎
establo

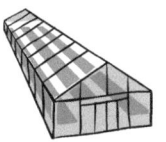

温室
invernadero

土壌
suelo

種
semilla

肥料
fertilizador

コンバイン
cosechadora

農場 - granja

収穫する

cosechar

収穫

cosecha

ヤマイモ

ñame

小麦

trigo

大豆

soja

じゃがいも

patata

トウモロコシ

maíz

菜種

semilla de colza

果樹

árbol frutal

キャッサバ

mandioca

穀物

cereales

家

casa

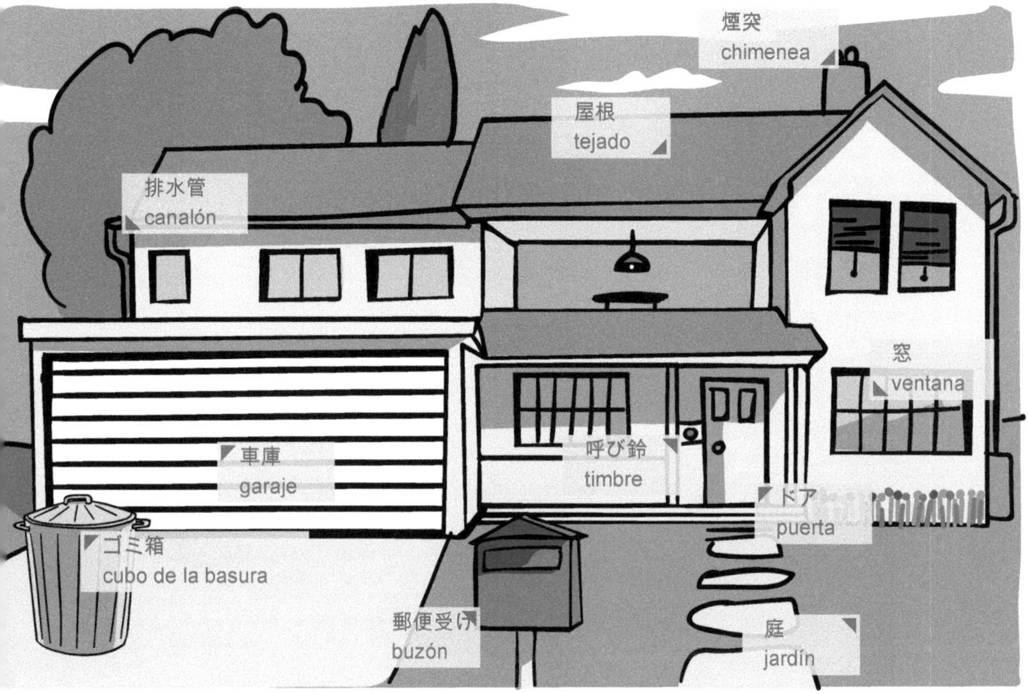

煙突
chimenea
屋根
tejado
排水管
canalón
窓
ventana
車庫
garaje
呼び鈴
timbre
ドア
puerta
ゴミ箱
cubo de la basura
郵便受け
buzón
庭
jardín

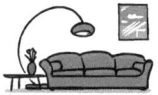

リビングルーム

sala

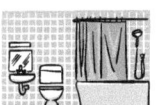

浴室

cuarto de baño

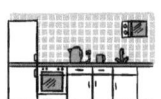

台所

cocina

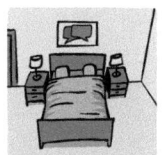

寝室

dormitorio

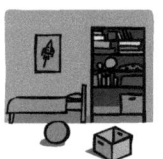

子供部屋

habitación de los niños

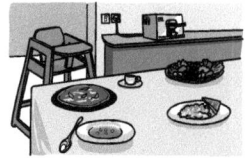

ダイニング・ルーム

comedor

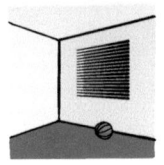

床
suelo

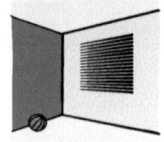

壁
pared

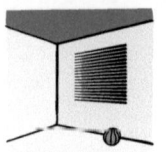

天井
techo

地下貯蔵庫
sótano

サウナ
sauna

バルコニー
balcón

テラス
terraza

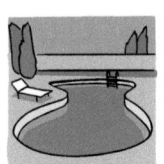

プール
piscina

芝刈り機
cortacésped

シーツ
sábana

ベッドカバー
colcha

ベッド
cama

ほうき
escoba

バケツ
balde

スイッチ
interruptor

リビングルーム

sala

壁紙
papel pintado
絵
imagen
ランプ
lámpara
棚
estante
食器棚
armario
テレビ
televisión
暖炉
chimenea
花
flor
クッション
cojín
ソファ
sofá
花瓶
jarrón
リモコン
mando a distancia

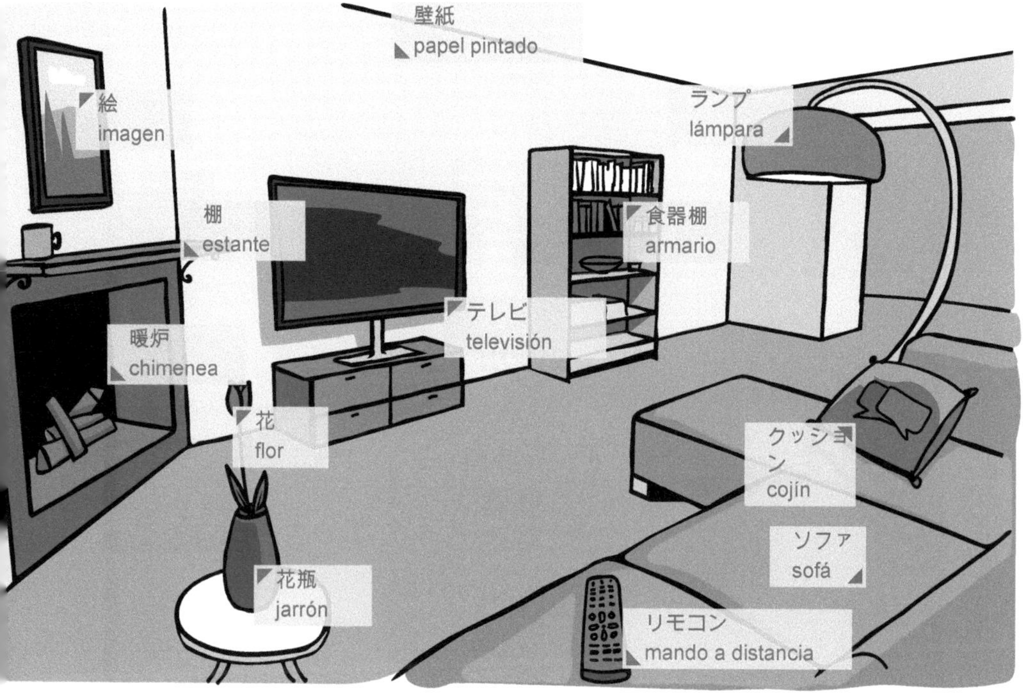

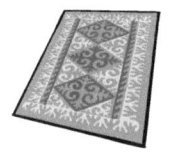

カーペット

alfombra

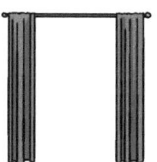

カーテン

cortina

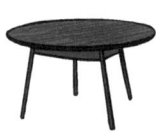

テーブル

mesa

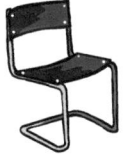

椅子

silla

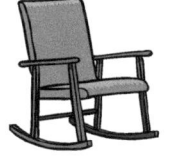

ロッキングチェア

mecedora

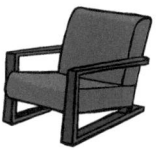

ひじ掛け椅子

butaca

本

libro

毛布

manta

飾り

decoración

たきぎ

leña

映画

película

ステレオ

equipo de música

鍵

llave

新聞

periódico

絵画

pintura

ポスター

póster

ラジオ

radio

メモ帳

cuaderno

掃除機

aspiradora

サボテン

cactus

ろうそく

vela

台所
cocina

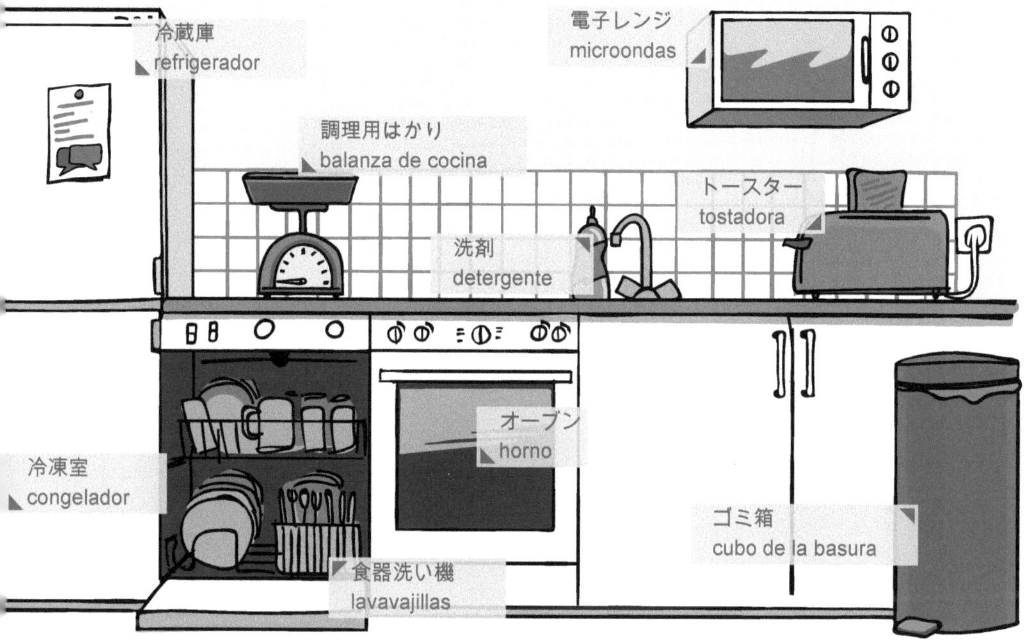

冷蔵庫
refrigerador
電子レンジ
microondas
調理用はかり
balanza de cocina
トースター
tostadora
洗剤
detergente
オーブン
horno
冷凍室
congelador
ゴミ箱
cubo de la basura
食器洗い機
lavavajillas

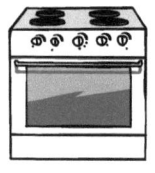

こんろ

olla a presión

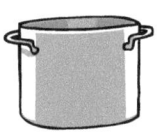

鍋

olla

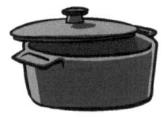

鉄鍋

olla de hierro fundido

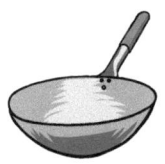

中華鍋/ カダイ鍋

wok / karahi

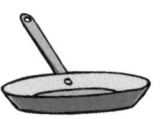

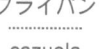

フライパン

cazuela

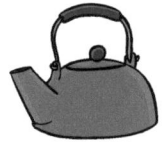

やかん

hervidor

蒸し器

vaporera

天板

chapa de horno

食器

vajilla

マグカップ

taza

ボウル

tazón

箸

palillos

おたま

cucharón

へら

espumadera

泡立て器

batidor

こし器

colador

ふるい

cedazo

すりおろし器

rallador

すり鉢

mortero

バーベキュー

barbacoa

かまど

hoguera

まな板

tabla de picar

麺棒

rodillo

栓抜き

sacacorchos

缶

lata

缶切り

abrelatas

鍋つかみ

agarrador

流し

lavabo

ブラシ

cepillo

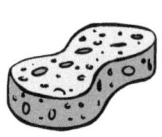

スポンジ

esponja

ミキサー

batidora

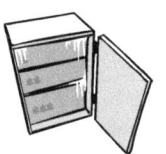

冷凍庫

congelador

哺乳瓶

biberón

蛇口

grifo

浴室

cuarto de baño

ヒーター
calefacción
タオル
toalla
シャワー
ducha
シャワーカーテン
cortina de la ducha
泡風呂
baño de espuma
浴槽
bañera
グラス
vaso
洗濯機
lavadora
蛇口
grifo
タイル
baldosas
おまる
orinal
流し
lavabo

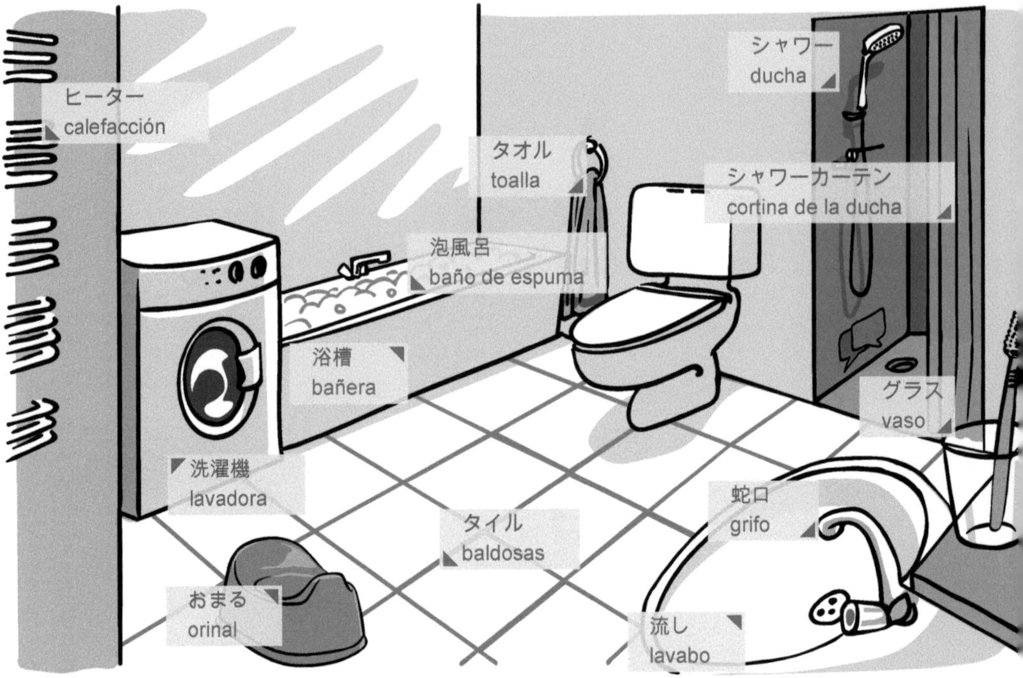

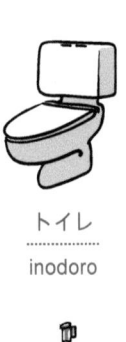

トイレ

inodoro

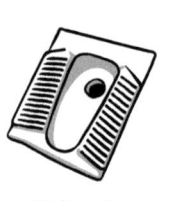

和式トイレ

inodoro rústico

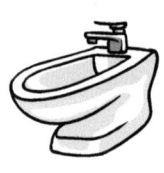

ビデ

bidé

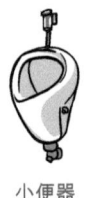

小便器

urinario

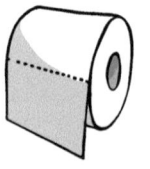

トイレットペーパー

papel higiénico

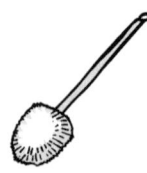

トイレブラシ

escobilla del váter

歯ブラシ

cepillo de dientes

歯みがき

pasta de dientes

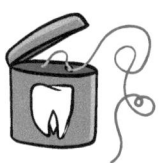

デンタルフロス

hilo dental

洗う

lavar

シャワーヘッド

ducha de mano

ハンドビデ

ducha íntima

洗面台

pila

ボディブラシ

cepillo de espalda

石鹸

jabón

シャワー用ジェル

gel de ducha

シャンプー

champú

浴用タオル

toallita

排水口

desagüe

クリーム

crema

消臭

desodorante

鏡

espejo

手鏡

espejo de tocador

かみそり

maquinilla de afeitar

シェービング・フォーム

espuma de afeitar

アフターシェーブローショ
ン

loción postafeitado

櫛

peine

ブラシ

cepillo

ドライヤー

secador

ヘアスプレー

laca

化粧

maquillaje

口紅

pintalabios

マニキュア

pintauñas

脱脂綿

algodón

爪切り

cortauñas

香水

perfume

洗面用具入れ

estuche de viaje

スツール

banqueta

体重計

balanza

バスローブ

albornoz

ゴム手袋

guantes de goma

タンポン

tampón

生理用ナプキン

compresa

ケミカルトイレ

inodoro químico

子供部屋
habitación de los niños

目覚まし時計
despertador
ぬいぐるみ
peluche
おもちゃの自動車
coche de juguete
がらがら
sonajero
ドール・ハウス
casa de muñecas
プレゼント
regalo

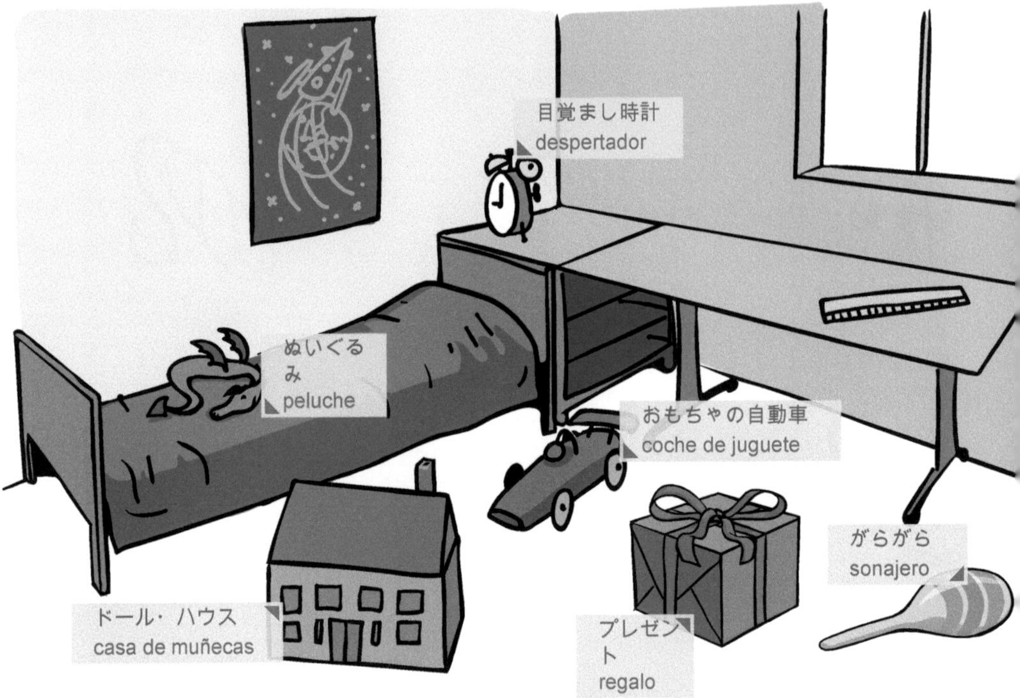

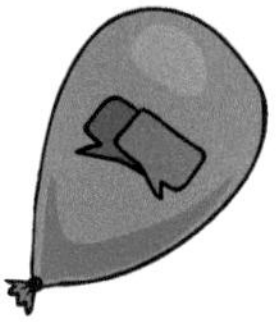

風船

globo

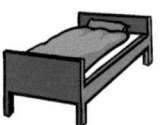

ベッド

cama

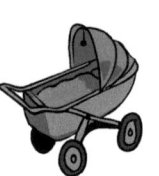

ベビーカー

coche de niño

カードゲーム

naipes

ジグソーパズル

puzle

SUPER
MEGA

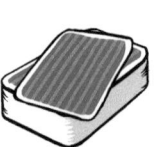

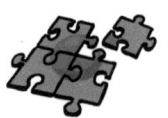

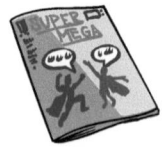

漫画

tebeo

レゴ

piezas de lego

玩具ブロック

bloques de juguete

アクションフィギュア

figura de acción

ロンパース

bodi (de bebé)

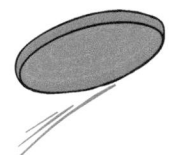

フリスビー

frisbee

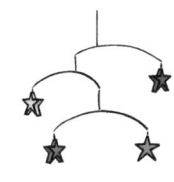

モバイル

colgador móvil para bebés

ボードゲーム

juego de mesa

さいころ

dados

鉄道模型

circuito de tren eléctrico

おしゃぶり

maniquí

パーティー

fiesta

絵本

álbum de fotos

ボール

pelota

人形

muñeca

遊ぶ

jugar

砂場

cajón de arena

ブランコ

columpio

おもちゃ

juguetes

ゲーム機

videoconsola

三輪車

triciclo

テディベア

oso de peluche

衣装ダンス

guardarropa

衣服

ropa

靴下

calcetines

ストッキング

medias

タイツ

leotardos

▼ スカーフ
bufanda

ベルト
cinturón

雨傘
paraguas

▼ Tシャツ
camiseta

スニーカー
deportivas

ブーツ
botas

スリッパ
zapatillas

サンダル
sandalias

靴
zapatos

ゴム長靴
botas de goma

パンツ
slip

ブラ
sostén

ベスト
chaleco

衣服 - ropa

ボディースーツ

bodi

ズボン

pantalones

ジーンズ

vaqueros

スカート

falda

ブラウス

blusa

シャツ

camisa

セーター

jersey

パーカー

suéter

ブレザー

blazer

ジャケット

chaqueta

コート

abrigo

レインコート

gabardina

服装

traje

ドレス

vestido

ウェディングドレス

vestido de novia

スーツ

traje

ナイトガウン

camisón

パジャマ

pijama

サリー

sari

ヘッドスカーフ

bandana

ターバン

turbante

ブルカ

burka

カフタン

caftán

アバヤ

abaya

水着

traje de baño

トランクス

bañador

半ズボン

pantalones cortos

スウェットスーツ

chándal

エプロン

delantal

手袋

guantes

ボタン

botón

メガネ

gafas

ブレスレット

brazalete

ネックレス

collar

指輪

anillo

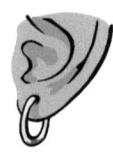

イヤリング

pendiente

帽子

gorra

ハンガー

percha

帽子

sombrero

ネクタイ

corbata

ファスナー

cremallera

ヘルメット

casco

サスペンダー

tirantes

制服

uniforme escolar

ユニフォーム

uniforme

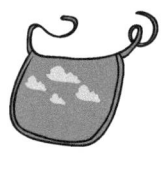

よだれかけ

babero

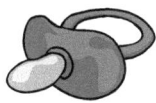

おしゃぶり

maniquí

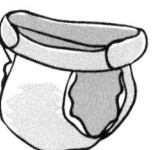

おむつ

pañal

オフィス
oficina

サーバ
servidor
書類キャビネット
archivo
プリンター
impresora
紙
papel
モニター
monitor
マウス
ratón
事務机
escritorio
フォルダー
carpeta
キーボード
teclado
ごみ箱
papelera
椅子
silla
コンピューター
ordenador

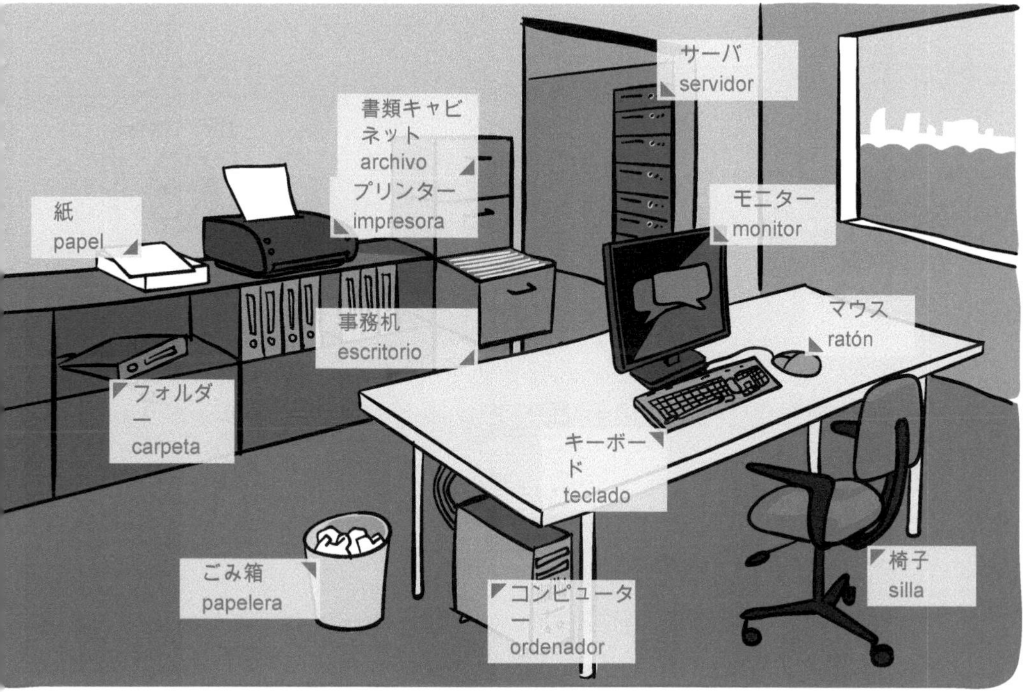

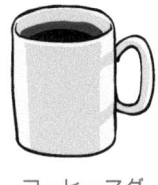

コーヒーマグ

taza de café

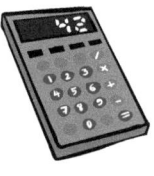

計算機

calculadora

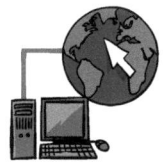

インターネット

internet

ラップトップ

portátil

手紙

carta

メッセージ

mensaje

携帯電話

móvil

ネットワーク

red

コピー機

fotocopiadora

ソフトウェア

software

電話

teléfono

コンセント

toma de corriente

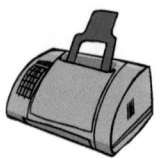

ファックス

fax

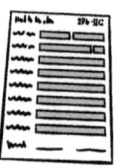

フォーム

formulario

書類

documento

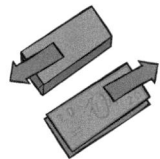

買う
comprar

支払う
pagar

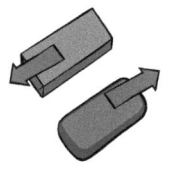

取引する
comerciar

お金
dinero

ドル
dólar

ユーロ
euro

円
yen

ルーブル
rublo

スイスフラン
franco suizo

人民元
renminbi yuan

ルピー
rupia

キャッシュポイント
cajero automático

両替所

oficina de cambio de divisas

金

oro

銀

plata

油

petróleo

エネルギー

energía

価格

precio

契約

contrato

税金

impuesto

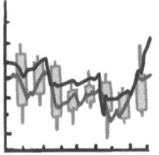

株

acción

働く

trabajar

従業員

empleado

雇用主

empleador

工場

fábrica

ショップ

tienda

職業
oficios

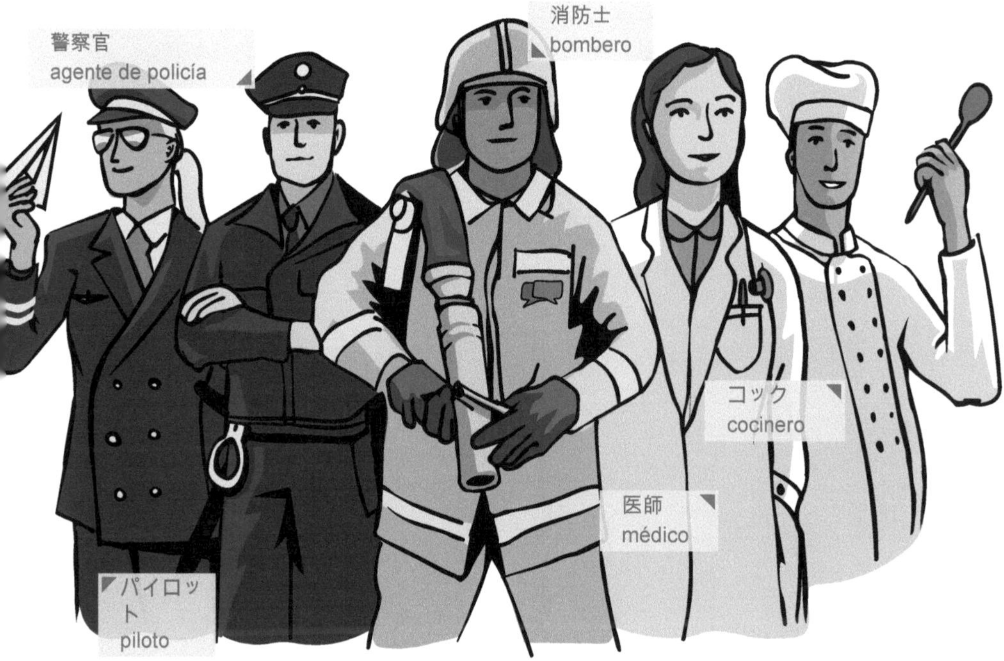

消防士
bombero
警察官
agente de policía
コック
cocinero
医師
médico
パイロット
piloto

庭師

jardinero

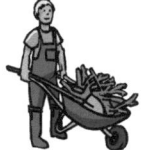

大工

carpintero

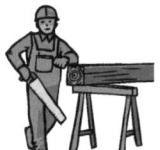

お針子

costurera

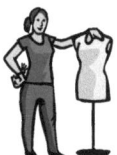

裁判官

juez

化学者

farmacéutico

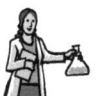

俳優

actor

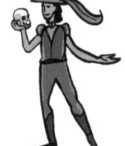

バスの運転手

conductor de autobús

タクシー運転手

taxista

漁師

pescador

掃除婦

señora de la limpieza

屋根ふき職人

techador

ウェイター

camarero

ハンター

cazador

塗装工

pintor

パン屋

panadero

電気工

electricista

建設作業員

obrero

エンジニア

ingeniero

肉屋

carnicero

配管工

fontanero

郵便配達人

cartero

軍人

soldado

建築家

arquitecto

レジ係

cajero

花屋

florista

美容師

peluquero

車掌

revisor

機械工

mecánico

キャプテン

capitán

歯科医

dentista

科学者

científico

ラビ

rabino

イスラム導師

imán

修道士

monje

牧師

sacerdote

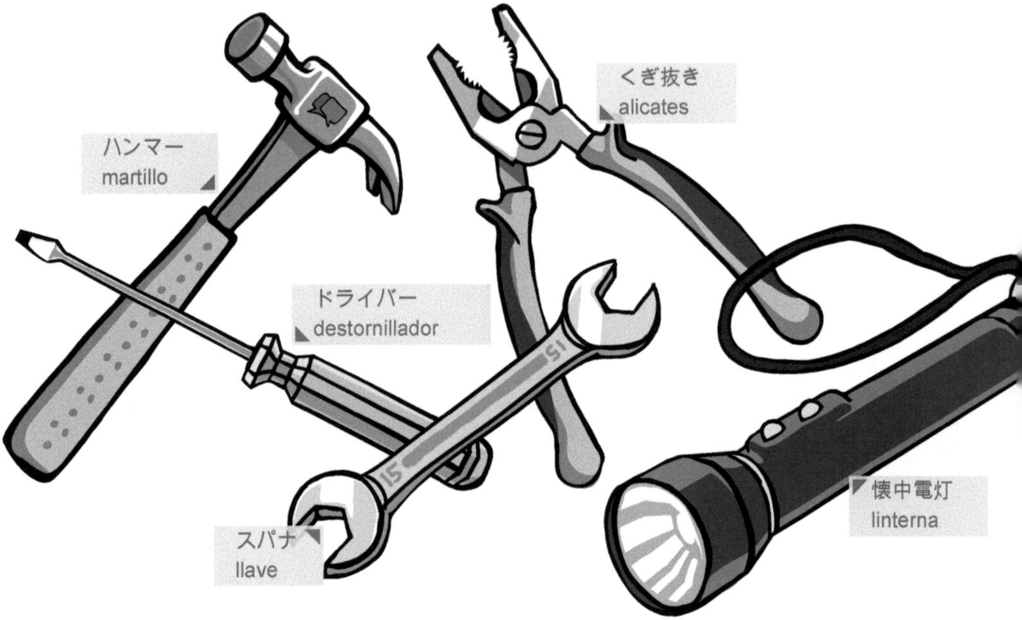

ハンマー
martillo

くぎ抜き
alicates

ドライバー
destornillador

スパナ
llave

懐中電灯
linterna

掘削機

excavadora

道具箱

caja de herramientas

はしご

escalera de mano

のこぎり

sierra

釘

clavos

ドリル

taladro

修理する

reparar

シャベル

pala

クソ！

¡Maldita sea!

ちりとり

recogedor

ペンキ缶

bote de pintura

ネジ

tornillos

楽器

instrumentos musicales

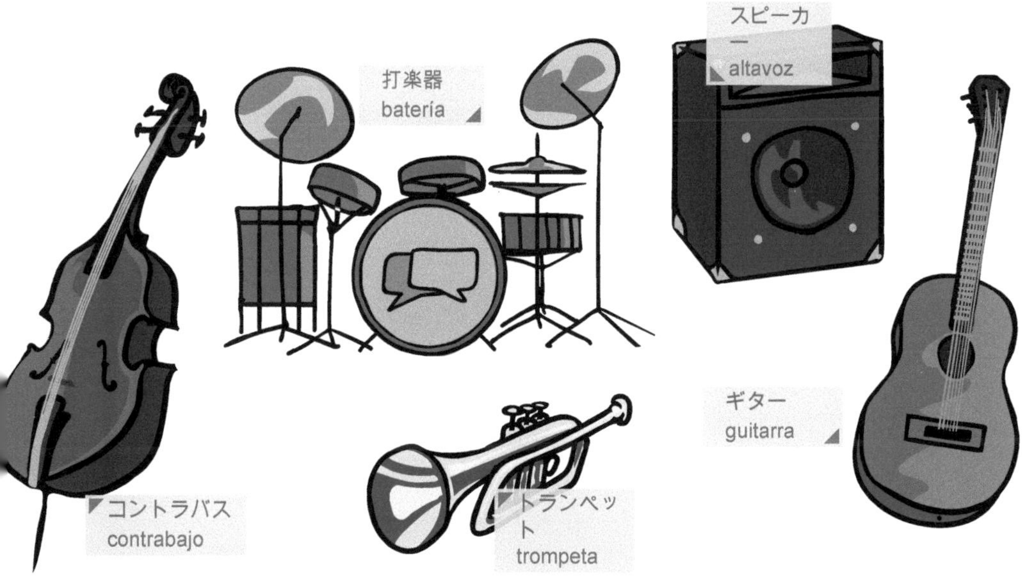

打楽器
batería

スピーカー
altavoz

ギター
guitarra

コントラバス
contrabajo

トランペット
trompeta

ピアノ

piano

バイオリン

violín

バス

bajo

ティンパニ

timbales

ドラム

tambor

キーボード

teclado

サックス

saxofón

フルート

flauta

マイクロフォン

micrófono

動物園

ZOO

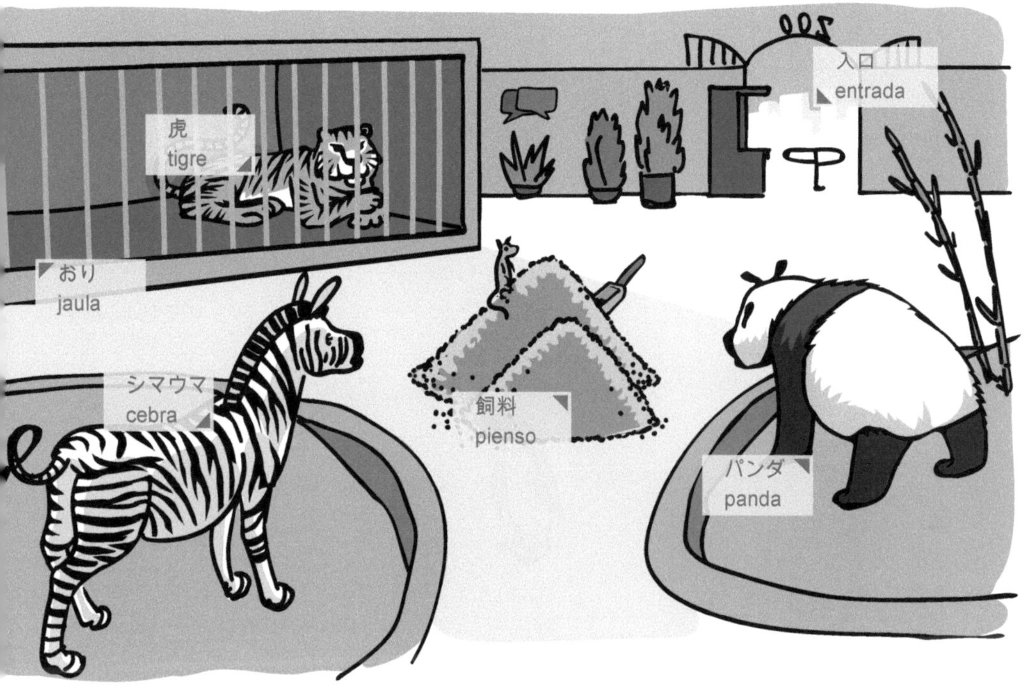

虎
tigre
入口
entrada
おり
jaula
シマウマ
cebra
飼料
pienso
パンダ
panda

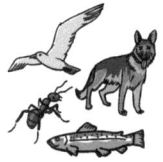

動物

animales

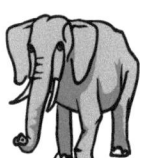

象

elefante

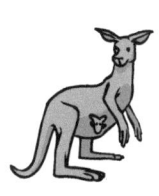

カンガルー

canguro

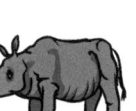

サイ

rinoceronte

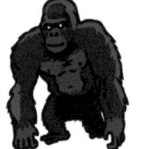

ゴリラ

gorila

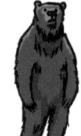

熊

oso

ラクダ

camello

ダチョウ

avestruz

ライオン

león

猿

mono

フラミンゴ

flamingo

オウム

loro

白クマ

oso polar

ペンギン

pingüino

サメ

tiburón

クジャク

pavo real

蛇

serpiente

ワニ

cocodrilo

飼育係

guardián de zoológico

アザラシ

foca

ジャガー

jaguar

ポニー

poni

ヒョウ

leopardo

カバ

hipopótamo

キリン

jirafa

鷲

águila

雄豚

jabalí

魚

pescado

亀

tortuga

セイウチ

morsa

狐

zorro

ガゼル

gacela

アメフト
fútbol americano

サイクリング
ciclismo

テニス
tenis

バスケットボール
baloncesto

水泳
natación

ボクシング
boxeo

アイスホッケー
hockey sobre hielo

サッカー
fútbol

バドミントン
bádminton

陸上競技
atletismo

ハンドボール
balonmano

スキー
esquí

ポロ
polo

跳ぶ
saltar

笑う
reír

抱きしめる
abrazar

歩く
caminar

歌う
cantar

祈る
rezar

キス
besar

夢見る
soñar

書く
escribir

描く
dibujar

示す
mostrar

押す
empujar

与える
dar

取る
tomar

持っている
tener

する
hacer

ある
ser

立つ
estar de pie

走る
correr

引く
tirar

投げる
tirar

落ちる
caer

横たわっている
yacer

待つ
esperar

運ぶ
llevar

座る
estar sentado

着る
vestirse

眠る
dormir

目が覚める
despertar

見る
mirar

泣く
llorar

なでる
acariciar

櫛ですく
peinar

話す
hablar

理解する
entender

質問する
preguntar

聞く
escuchar

飲む
beber

食べる
comer

片づける
ordenar

愛する
amar

料理する
cocinar

運転する
conducir

飛ぶ
volar

活動 - actividades

ヨットに乗る

navegar

計算する

calcular

読む

leer

学ぶ

aprender

働く

trabajar

結婚する

casarse

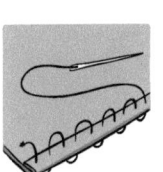

縫う

coser

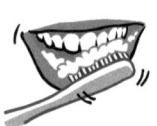

歯を磨く

cepillarse los dientes

殺す

matar

喫煙する

fumar

送る

enviar

家族

familia

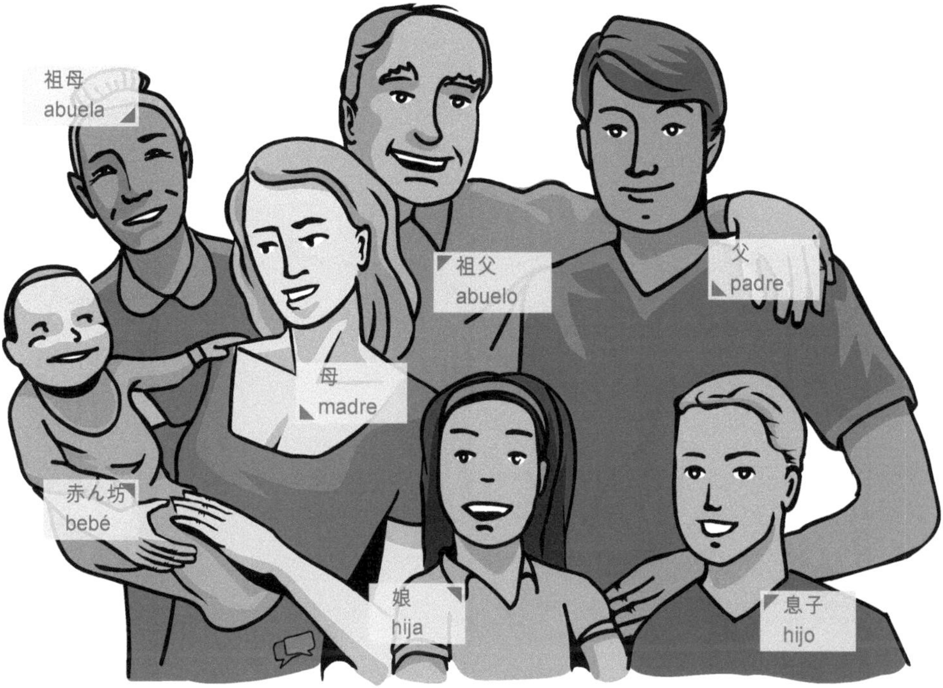

祖母
abuela
祖父
abuelo
父
padre
母
madre
赤ん坊
bebé
娘
hija
息子
hijo

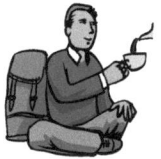

お客様

invitado

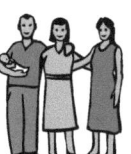

おば

tía

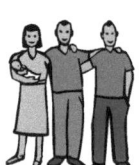

おじ

tío

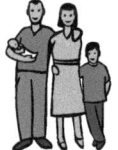

兄弟

hermano

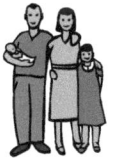

姉妹

hermana

体

cuerpo

ひたい
frente
目
ojo
肩
hombro
指
dedo
顔
cara
あご
barbilla
手
mano
脚
pierna
胸
pecho
腕
brazo

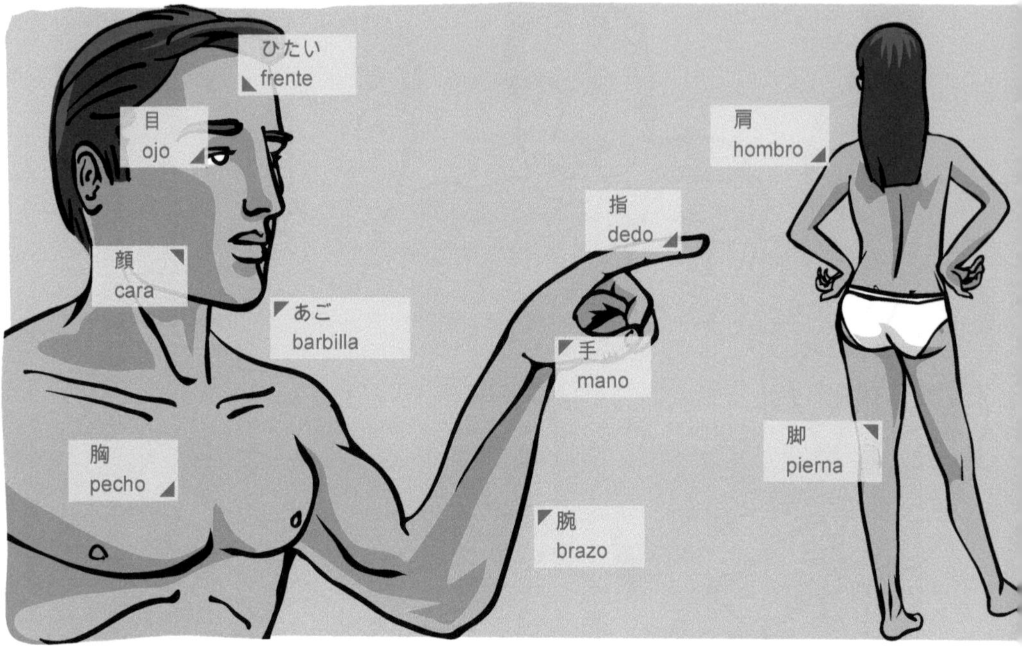

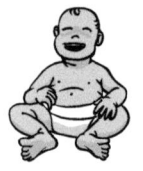

赤ん坊

bebé

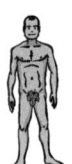

男性

hombre

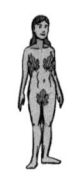

女性

mujer

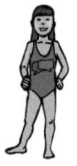

少女

chica

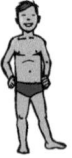

少年

chico

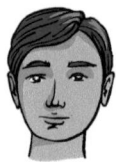

頭

cabeza

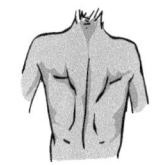

背中
espalda

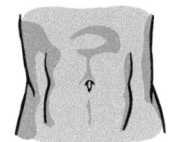

腹
vientre

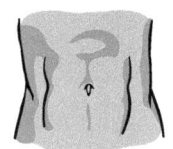

へそ
ombligo

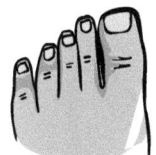

足指
dedo del pie

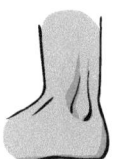

かかと
talón

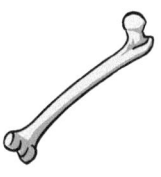

骨
hueso

腰
cadera

ひざ
rodilla

ひじ
codo

鼻
nariz

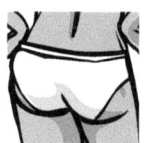

尻
trasero

皮膚
piel

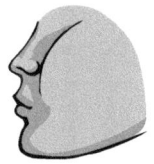

頬
mejilla

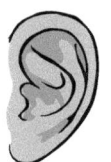

耳
oído

唇
labio

体 - cuerpo

口
boca

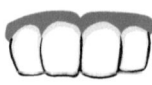

歯
diente

舌
lengua

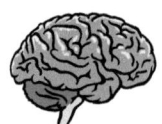

脳
cerebro

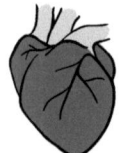

心臓
corazón

筋肉
músculo

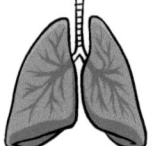

肺
pulmón

肝臓
hígado

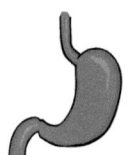

胃
estómago

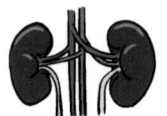

腎臓
riñones

セックス
sexo

コンドーム
condón

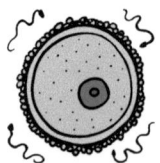

卵細胞
ovario

精液
semen

妊娠
embarazo

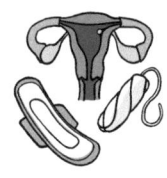

月経

menstruación

膣

vagina

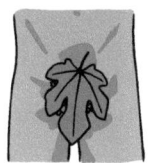

ペニス

pene

眉

ceja

髪

pelo

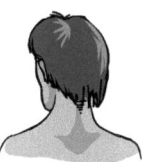

首

cuello

病院
hospital

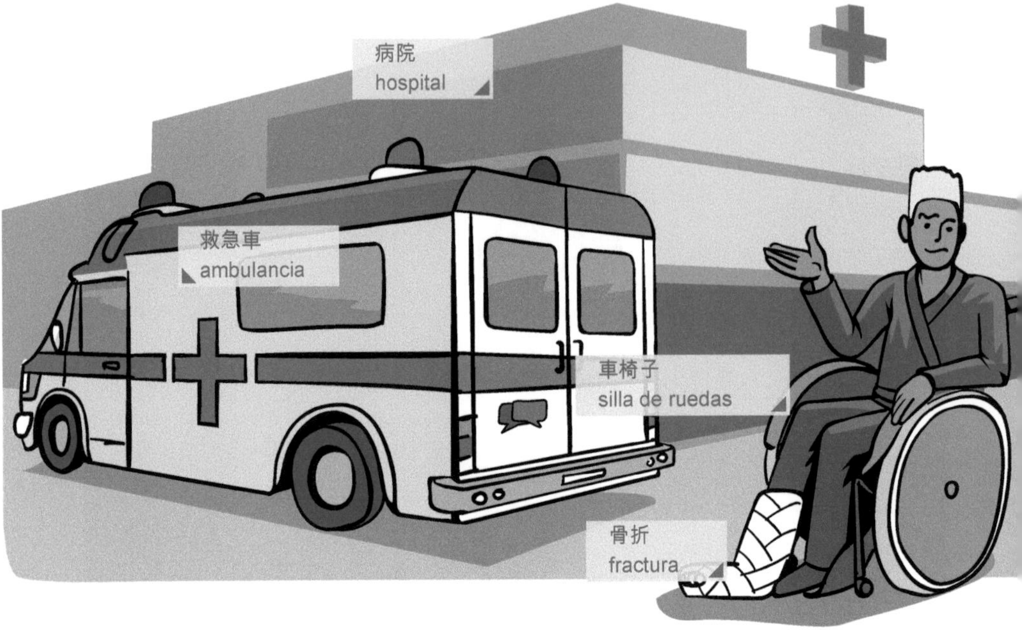

病院
hospital
救急車
ambulancia
車椅子
silla de ruedas
骨折
fractura

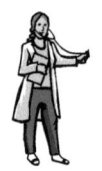

医師
médico

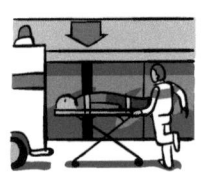

救急治療室
sala de urgencias

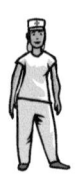

看護師
enfermera

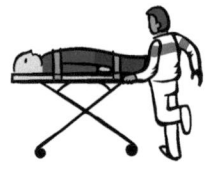

救急
urgencia

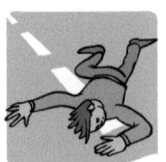

失神
inconsciente

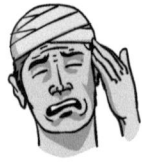

痛み
dolor

けが

lesión

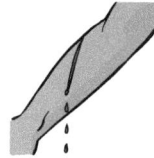

出血

hemorragia

心臓発作

infarto

脳卒中

ictus

アレルギー

alergia

咳

tos

熱

fiebre

インフルエンザ

gripe

下痢

diarrea

頭痛

dolor de cabeza

癌

cáncer

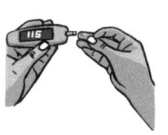

糖尿病

diabetes

外科医

cirujano

外科用メス

bisturí

手術

operación

CT
TAC

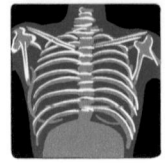

レントゲン
rayos x

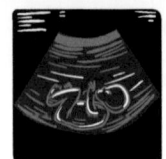

超音波
ultrasonido

マスク
mascarilla

病気
enfermedad

待合室
sala de espera

松葉づえ
muleta

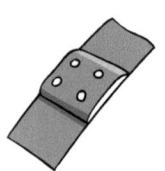

ばんそうこう
tirita

包帯
venda

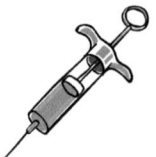

注射
inyección

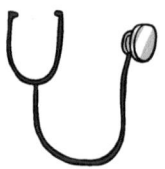

聴診器
estetoscopio

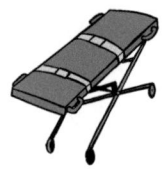

担架
camilla

体温計
termómetro

出産
nacimiento

肥満
sobrepeso

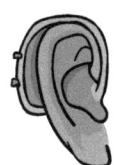

補聴器

audífono

消毒剤

desinfectante

感染

infección

ウイルス

virus

HIV / エイズ

VIH / SIDA

内服薬

medicina

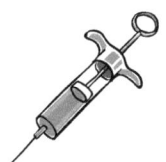

予防接種

vacunación

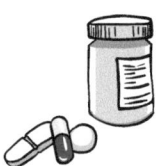

錠剤

tabletas

ピル

pastilla

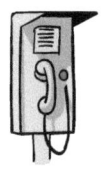

緊急電話

llamada de urgencia

血圧計

tensiómetro

病気の　/　健康な

enfermo / sano

助けて！

¡Socorro!

アラーム

alarma

暴行

asalto

攻撃

ataque

危険

peligro

非常口

salida de emergencia

火事だ！

¡Fuego!

消火器

extintor de incendios

事故

accidente

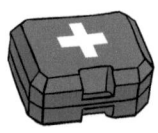

救急箱

botiquín de primeros auxilios

SOS

SOS

警察

policía

ヨーロッパ

Europa

北米

Norteamérica

南米

Sudamérica

アフリカ

África

アジア

Asia

オーストラリア

Australia

大西洋

Atlántico

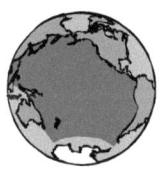

太平洋

Pacífico

インド洋

Océano Índico

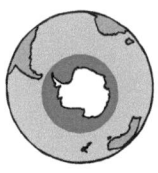

南極海

Océano Antártico

北極海

Océano Ártico

北極

polo norte

南極

polo sur

南極大陸

Antártida

地球

tierra

陸

tierra

海

mar

島

isla

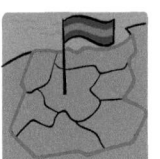

国家

nación

国家

estado

文字盤

esfera

短針

manecilla de las horas

長針

minutero

秒針

segundero

何時ですか？

¿Qué hora es?

日

día

時間

tiempo

現在

ahora

デジタル時計

reloj digital

分

minuto

時間

hora

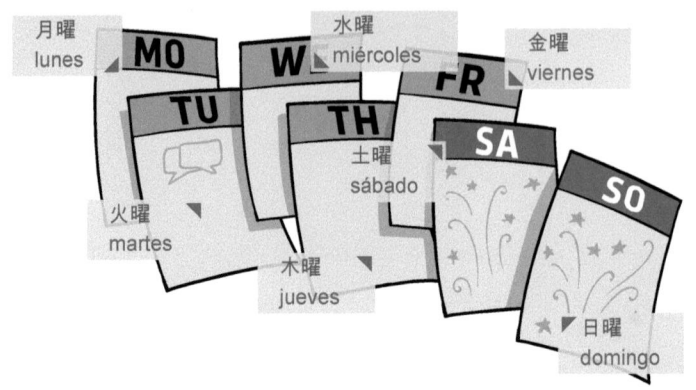

月曜
lunes

水曜
miércoles

金曜
viernes

火曜
martes

木曜
jueves

土曜
sábado

日曜
domingo

昨日
ayer

今日
hoy

明日
mañana

朝
mañana

昼
mediodía

夜
tarde

営業日
días laborables

週末
fin de semana

年
año

雨
lluvia
虹
arcoíris
風
viento
雪
nieve
春
primavera
夏
verano
秋
otoño
冬
invierno

4.APRIL 11°
5.APRIL 4°
6.APRIL 13°
7.APRIL 8°
8.APRIL 10°

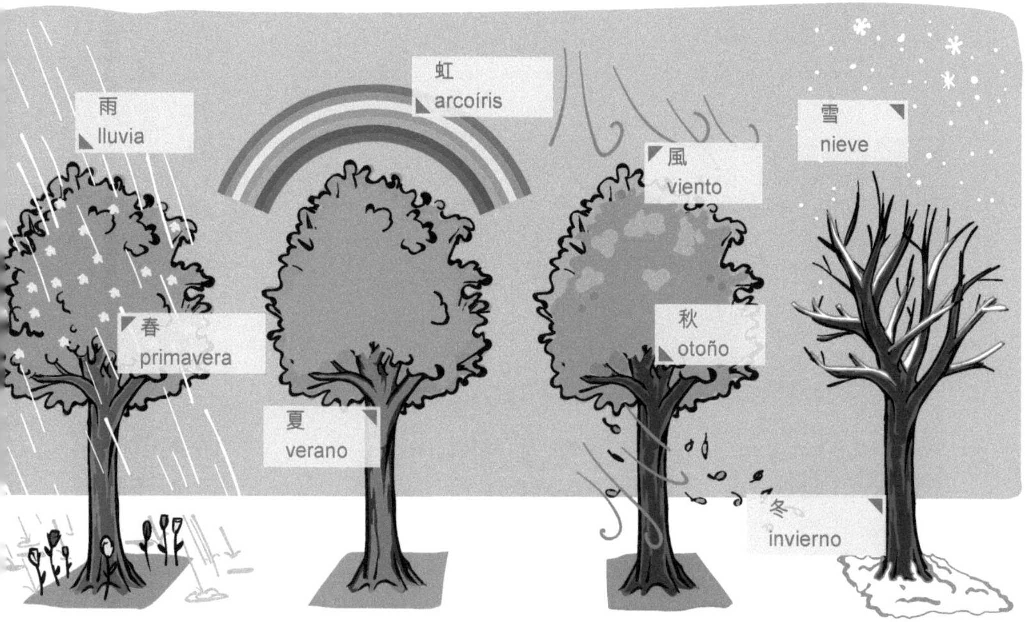

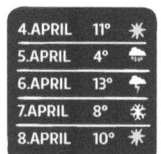

天気予報

pronóstico del tiempo

F
C
120
90
60
30
0
-30
40
30
20
10
0
-10
-20

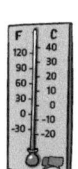

温度計

termómetro

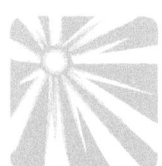

日差し

sol

雲

nube

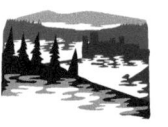

霧

niebla

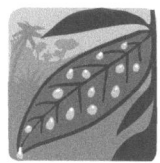

湿度

humedad

雷
rayo

雷
trueno

嵐
tormenta

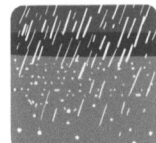

ひょう
granizo

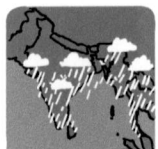

季節風
monzón

洪水
inundación

氷
hielo

1月
enero

2月
febrero

3月
marzo

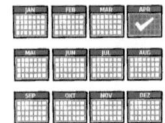

4月
abril

5月
mayo

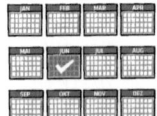

6月
junio

7月
julio

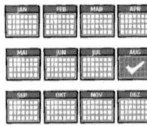

8月
agosto

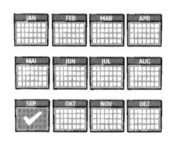

9月
....
septiembre

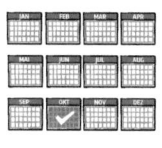

10月
....
octubre

11月
....
noviembre

12月
....
diciembre

形

formas

円
....
círculo

正方形
....
cuadrado

長方形
....
rectángulo

三角
....
triángulo

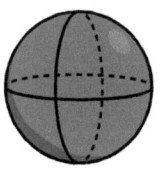

球
....
esfera

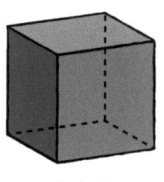

立方体
....
cubo

白
....
blanco

黄
....
amarillo

オレンジ
....
anaranjado

ピンク
....
rosa

赤
....
rojo

紫
....
morado

青
....
azul

緑
....
verde

茶
....
marrón

灰色
....
gris

黒
....
negro

多い ／ 少ない

mucho / poco

怒っている /
落ち着いている
enojado / tranquilo

美しい ／ 醜い

bonito / feo

初め ／ 終わり

principio / fin

大きい ／ 小さい

grande / pequeño

明るい ／ 暗い

claro / oscuro

兄弟 ／ 姉妹

hermano / hermana

清潔な / 汚い

limpio / sucio

完全な ／ 不完全な

completo / incompleto

日中 ／ 夜

día / noche

死んだ ／ 生きている

muerto / vivo

幅広い ／ 狭い

ancho / estrecho

食べられる　/
食べられない
comestible / no comestible

悪意のある　/　親切な
malo / amable

興奮している　/
退屈じている
entusiasmado / aburrido

太った　/　痩せた
gordo / delgado

最初に　/　最後に
primero / último

友人　/　敵
amigo / enemigo

いっぱいの　/　空の
lleno / vacío

硬い　/　柔らかい
duro / blando

重い　/　軽い
pesado / ligero

空腹　/　喉の渇き
hambre / sed

病気の　/　健康な
enfermo / sano

違法な　/　合法な
ilegal / legal

賢い　/　愚かな
inteligente / tonto

左に　/　右に
izquierda / derecha

近い　/　遠い
cerca / lejos

新しい / 中古の
nuevo / usado

何もない / 何かある
nada / algo

老いた / 若い
viejo / joven

オン / オフ
encendido / apagado

開いている /
閉まっている
abierto / cerrado

静かな / うるさい
silencioso / ruidoso

裕福な / 貧乏な
rico / pobre

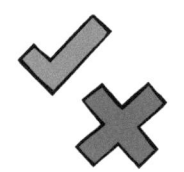

正しい / 間違っている
correcto / incorrecto

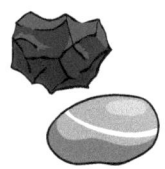

粗い / なめらか
áspero / suave

悲しい / 幸せな
triste / contento

短い / 長い
corto / largo

ゆっくり / 速い
lento / rápido

濡れた / 乾いた
húmedo / seco

温かい / 冷たい
cálido / frío

戦争 / 平和
guerra / paz

números

0

ゼロ

cero

1

1

uno

2

2

dos

3

3

tres

4

4

cuatro

5

5

cinco

6

6

seis

7

7

siete

8

8

ocho

9

9

nueve

10

10

diez

11

11

once

12

12

doce

13

13

trece

14

14

catorce

15

15

quince

16

16

dieciséis

17

17

diecisiete

18

18

dieciocho

19

19

diecinueve

20

20

veinte

100

100

cien

1.000

1000

mil

1.000.000

100万

millón

英語

inglés

アメリカ英語

inglés americano

中国標準語

chino mandarín

ヒンディー語

hindi

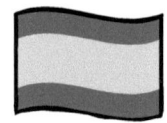

スペイン語

español

フランス語

francés

アラビア語

árabe

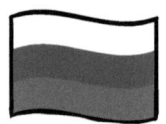

ロシア語

ruso

ポルトガル語

portugués

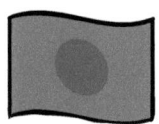

ベンガル語

bengalí

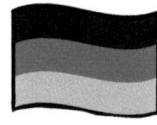

ドイツ語

alemán

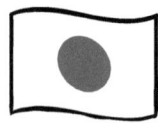

日本語

japonés

私

yo

あなた

tú

彼 / 彼女 / それ

él / ella / ello

私たち

nosotros/as

あなたたち

vosotros/as

彼ら

ellos/as

誰？

¿quién?

何？

¿qué?

どうやって？

¿cómo?

どこ？

¿dónde?

いつ？

¿cuándo?

名前

nombre

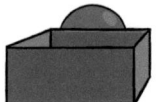

後ろ

detrás

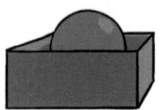

中

en

前

delante de

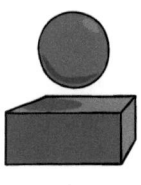

上

por encima de

上

sobre

下

debajo de

横

junto a

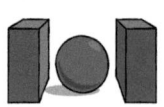

間

entre

場所

lugar